ISBN 978-2-211-23774-1

© 2019, l'école des loisirs, Paris, pour la présente édition
dans la collection «Kilimax»
© 2018, l'école des loisirs, Paris
Loi numéro 49 956 du 16 juillet 1949 sur les publications
destinées à la jeunesse : avril 2018
Dépôt légal : avril 2019
Imprimé en France par Pollina à Luçon - 88106

Édition spéciale non commercialisée en librairie

Satomi Ichikawa

Bienvenue sur mon île

l'école des loisirs
11, rue de Sèvres, Paris 6e

Je m'appelle Mahi-Mahi.
Je vis au milieu de l'océan Pacifique, sur une île qui porte le nom de Kounié. En langue kanake, cela signifie « la souche du soleil ».
Et c'est vrai qu'ici le soleil brille presque tous les jours !
Aujourd'hui, mon père et moi avons pêché un énorme poisson.
Ma mère rapporte des champs un panier rempli de racines de manioc, d'ignames, de taros, de patates douces et de bananes… de quoi faire un repas de fête.
C'est un jour spécial, nous accueillons des touristes.

– Soyez les bienvenus sur notre île ! dit ma mère. Je vous offre cette couronne, ce collier de fleurs et ce chapeau. C'est la coutume ici.
– Bonjour, je m'appelle Mahi-Mahi. C'est aussi le nom d'un poisson. Voici mon chien Cookii. Et toi, comment tu t'appelles ?
– Je m'appelle Lucie.

Lucie et sa maman se sont installées à l'ombre d'un cocotier, face à la mer. Elles regardent sur un écran toutes les sortes de poissons qui vivent autour de notre île.

– Oh, ça, c'est un poisson-clown.
Je peux t'en montrer en vrai, Lucie.
Si ta maman est d'accord.
– Entendu, mais ne vous éloignez pas trop. Lucie, ne te baigne pas car tu n'as pas de bouée, tu as bien compris ?
– Oui, maman !

– Mahi-Mahi, comment je vais faire pour voir les poissons puisque j'ai peur de l'eau ?
– Ne t'inquiète pas, je t'emmène dans un endroit magique. Et je serai là, à côté de toi. Allons-y !

En chemin, je salue les esprits de nos ancêtres.
– Qu'est-ce que c'est, ces statues ? demande Lucie.
– Ce sont les esprits des tout premiers habitants de l'île. Ils veillent sur nous.

– Viens, Lucie ! Cookii connaît le chemin. Suis-nous, n'aie pas peur.
– Mais on ne va pas pouvoir passer, il y a des plantes partout, on dirait la jungle !
– Attends, c'est parce que je n'ai pas encore prononcé le sésame...

– ABRACADABRA !! Regarde, Lucie !!!
Comme par magie, un îlot est apparu. Il est entouré d'eau claire,
on dirait un vrai paradis. Lucie est émerveillée.
Elle fait un pas, puis un autre. Le sable est très doux.
– Tu peux y aller, c'est marée basse. Bienvenue dans mon royaume !

– Que fais-tu, Mahi-Mahi ?
– Je vais chercher à boire.
– En haut d'un arbre ?
– Oui. Tu vas goûter
ma potion magique.

– Et voilà, un grand bol de lait de coco !
Lucie boit tout jusqu'à la dernière goutte.
Elle ramasse même la crème tout au fond.
– Mmmmh, quel délice ! Mais c'est vraiment une potion magique ?
– Oui, c'est un antidote contre la peur !

– Ici, Lucie, c'est comme un petit bassin qui se remplit avec la marée.
Quand l'eau monte, tous les poissons suivent. Ils vont venir jusqu'à tes pieds.
– Même les poissons-clowns ?
– Même les poissons-clowns. Pour les voir, il faut que tu entres dans l'eau
et que je te prête mon masque. N'aie pas peur. Elle n'est pas profonde.
Je suis là, je ne te laisserai pas boire la tasse.

Lucie avance doucement, puis elle prend son courage à deux mains et plonge la tête sous l'eau.

Autour d'elle, partout, des poissons de toutes les couleurs dansent et jouent à cache-cache.
– Ils sont magnifiques! s'écrie Lucie en sortant la tête de l'eau. Et elle replonge aussitôt.

– Mahi-Mahi, qu'est-ce que c'est que ce gros poisson, là ?
C'est effrayant, il ressemble à… un requin !
– Mais oui, ce sont des bébés requins. Ne t'inquiète pas,
ils sont encore tout petits et très gentils. Ils grandissent ici,
puis ils partent vivre au large. Tu peux les toucher…
Lucie approche sa main.
– Comme c'est doux !

– Regarde ce serpent de mer, on l'appelle « tricot rayé ».
– Je peux le caresser aussi ? demande-t-elle.
– Il n'est pas méchant, mais il vaut mieux ne pas le déranger.

Il est temps de rentrer, la maman de Lucie doit sûrement l'attendre.
– Mahi-Mahi… Regarde ! Le chemin de sable a disparu !
Comment faire pour rentrer ?
– La marée est trop haute, à présent. Il faut nager.
– Mais, moi, je ne sais pas nager !

– Ne t'en fais pas, Lucie, je sais ce qu'il faut faire.
Je prends un gros coquillage, et je souffle dedans
comme mon père me l'a appris.
Bouououh Bouououh Bouououh…
– Ça s'appelle une « toutoute », c'est le téléphone
sans fil de l'île. Tu vas voir…

Et très vite, mon père arrive en pirogue. Il me gronde un peu.
– Ce n'est pas prudent d'emmener Lucie sur l'îlot.
– Mais monsieur, dit Lucie, c'est un endroit magique,
et Mahi-Mahi était là pour me protéger.
– Bon, rentrons vite, nous vous attendions pour manger le bougna.

– Qu'est-ce que c'est, le bougna ? demande Lucie.
– C'est un plat de fête, dit ma mère, avec du poisson et beaucoup de légumes, arrosé de lait de coco, cuit en terre sur des pierres brûlantes.
– C'est un repas parfait pour des aventuriers comme vous !
dit la maman de Lucie.

Ce soir, il y a un très beau coucher de soleil sur la mer et sur mon îlot. Mais Lucie dort déjà à poings fermés. Je lui montrerai d'autres choses magiques demain.